OVATION AU POÈTE MONTOIS,

ANTOINE CLESSE,

Par une réunion de littérateurs et d'artistes Cambresiens.

———

> Dieu d'un sourire a percé le nuage,
> Voici venir un rayon de soleil,
>
> *Chansons d'Antoine* CLESSE.

Oui, c'est vraiment un rayon de soleil qui est venu luire sur ces jours de découragement et de brume, où l'ame ne s'engourdit pas moins que le corps.

Comme je vous l'avais annoncé, M. Antoine Clesse, le poète armurier de Mons, nous a rendu la visite que nous avions été lui faire; et, c'est trois jours de fête, d'oubli, de bonheur qu'il nous a apportés avec lui. Les vieilles mœurs hospitalières et si naïvement poétiques de nos bons aïeux ont semblé renaître un moment; j'ai cru à une apparition de trouvères, et j'ai rêvé que j'assistais aux jeux sous l'ormel où, devant la dame de beauté, on se disputait, en s'accompagnant sur la viole, le prix de la science du gai savoir.

Mais ne rêvons plus au passé, quand le présent est si agréable à redire.

Historiographe simple et fidèle, je vais vous ra-

1850

conter tout bonnement les divers épisodes de la fête.
Pour ceux qui l'ont vue, ce sera doux souvenir ;
pour les absents, regret qui ne sera pas, vous
allez voir, sans consolation.

Nous qui connaissions le cœur d'Antoine
Clesse, voulant que la joie que nous lui ména-
gions fût complète, nous avions insisté pour que
sa femme, véritable moitié de lui-même, fût du
voyage. Jamais requête ne fut plus promptement
couronnée de succès. Une autre escorte d'ames
d'élite avait accompagné le poète. Jamais comte
de Flandre faisant son entrée dans une de ses
bonnes villes, n'eut un cortége plus flatteur : cortége d'amis francs et dévoués, de courtisans pas
un seul.

Un souper de famille, repas flamand pour le
confortable du menu, français pour la cordialité
et la spirituelle gaîté des amphytrions, attendait,
chez l'un de nous, les voyageurs.

Quand on eut soupé, comme soupaient nos
pères, on préluda dans une de ces soirées dont
l'intimité double le prix, à la soirée du lendemain,
où tout fiers de notre trouvaille, nous devions
produire le poète montois à la société artistique et
littéraire de Cambrai. On chanta, on fit de la
musique à huis-clos, tout en échangeant des pa-
roles de bienvenue.

Le lendemain, un banquet princier, mieux
que cela, un dîner marqué au coin du bon goût et
de l'élégance française, fut offert avec une grâce
exquise, à nos hôtes montois, par l'un des au-
teurs du fameux couplet *communiste*, qui justifia
parfaitement ce qu'on y chante :

Un militaire
Sait toujours plaire.

Puis, vint la soirée où, au grand jour des bougies, nous devions faire étinceler le diamant poétique que nous avions découvert.

L'heure était venue. Avec une amabilité charmante, des dames distinguées par leurs talents et par leur esprit, des cavaliers appartenant à tous les âges et à toutes les professions, s'étaient empressés à ce rendez-vous de la poésie.

Le poète montois se revêla tout de suite par une démarche empreinte de cette courtoisie délicate que le cœur seul inspire. En effet, les premiers couplets qu'il chanta portaient ce titre :

A MM. H. C., B. de G et A. M., qui sont venus de Cambrai pour me voir avec mon ami A. P. qui leur avait dit mes chansons :

Air : *Echos des bois, errants dans ces vallées.*

Echo puissant de mes timides sons,
La voix d'A....., est d'un prestige immense :
A des français il a dit mes chansons,
Et pour me voir ils sont venus de France !
S'ils m'ont trouvé pour me tendre la main *bis.*
C'est qu'un ami les guidait en chemin. *bis.*

Pour me grandir, au plus faible couplet,
Il aura mis un rayon de son âme !
L'artiste alors m'entourait d'un reflet
Qu'on aura pris de loin pour une flamme !
Vous qui veniez pour me tendre la main,
Sa voix encor vous charmait en chemin.

On voit la mousse aux vins les plus brûlants,
Mousse aux flots purs qu'avec peine on appaise ;
Ainsi le cœur a les plus chauds élans
Sous le léger de la gaîté française.
Un ami parle ! et pour m'offrir la main,
De bons français le suivent en chemin.

Sans hésiter, j'acceptai tant d'honneur....
A mon orgueil au moins n'allez pas croire !
Vous m'apportiez la gloire et le bonheur :
J'étais heureux : je n'ai point vu la gloire !
Il me semblait rencontrer en chemin
D'anciens amis qui me prenaient la main.

Non ce n'est pas l'orgueil qui m'animait !
Vous arriviez de la France si chère....
Je sais combien mon vieux père l'aimait :
Si vous saviez combien j'aimais mon père !
Du haut des cieux, il guidait en chemin
Ces bons français qui m'ont tendu la main.

A ces amis dans mon âme, avec feu,
Je veux garder un souvenir suprême :
Point n'ai besoin qu'on m'admire, ô mon Dieu !
Mais, ô mon Dieu ! j'ai besoin que l'on m'aime !
S'ils m'ont trouvé pour me tendre la main,
C'est que leur cœur les guidait en chemin.

L'homme de cœur qui inspire le poète chez
Antoine Clesse s'était fait connaître par ces couplets. Aussi furent-ils applaudis de la manière la plus flatteuse pour lui : car ils avaient fait venir des larmes dans tous les yeux.

Le poète qui venait de prouver quels accents la reconnaissance et l'amitié savait tirer de sa lire, nous montra dans la composition suivante les inspirations fraîches et naïves qu'il puisait au foyer domestique :

LE PREMIER SOURIRE (Couplets à ma petite MARIE.)

Air : *Muse des bois et des accords champêtres.*

Petit enfant, le printemps va renaître ;
Déjà l'oiseau reprend ses chants joyeux,
Un doux soleil vient réchauffer ton être,
Un ciel plus pur vient réjouir tes yeux.
Comme une fleur ta bouche qui m'inspire,
S'épanouit aux rayons des beaux jours :
Le doux printemps eut son premier sourire ;
Ah ! puisses-tu lui sourire toujours.   (Bis.)

Petit enfant, aime toujours ta mère,
Ton seul amour calmera ses douleurs ;
Quand tu naquis, dans sa souffrance amère,
Pour te bénir elle essuya ses pleurs ;
A tous ses vœux sois fidèle à souscrire
Car pour l'ingrat il n'est plus de beaux jours :
Le doux printemps eut ton premier sourire,
Ah ! puisses-tu lui sourire toujours.   (*bis.*)

Petit enfant, sache que dans la vie
Du plus obscur la paix est le trésor.
Les rois souvent connaissent l'insomnie
Sous leurs rideaux tissus de soie et d'or.
Qu'aux vains honneurs jamais ton cœur n'aspire :
Pour l'envieux il n'est pas de beaux jours...

Le doux printemps eut ton premier sourire ,
Ah ! puisses-tu lui sourire toujours.   (*bis.*)

Petit enfant, que jamais à ton âme
Un malheureux ne fasse appel en vain :
Le pain qui vient de la main d'une femme
Semble si bon pour appaiser la faim,
Ne soit pas rude au pauvre qui soupire :
Pour le méchant il n'est plus de beaux jours....
Le doux printemps eut ton premier sourire,
Ah! puisses-tu lui sourire toujours.   (*bis.*)

Petit enfant, je te parlais en père,
Et je comptais sans les coups du destin ;
Car dans un sort ou funeste, ou prospère,
Nul ici bas ne peut dire : à demain!
Demain , demain ! oh! je puis te le dire :
Il est des cieux et d'éternels beaux jours !...
Le doux printemps eut ton premier sourire,
Ah ! puisses-tu lui sourire toujours.   (*bis*).

A ce chant empreint d'une grâce si délicate,
succéda la chanson populaire , genre où excelle
M. Antoine Clesse , et qui lui assigne une place
distinguée parmi les chansonniers modernes.
L'*ivrogne* est le premier-né de cent petits chefs
d'œuvre qui , sous une forme aussi vraie que
dramatique , donnent au peuple les conseils d'un
véritable ami. Nous ne redirons pas ici cette chanson de l'*ivrogne* que nous avons déjà citée , quoi-
qu'on ne se lasse pas de la relire , ni surtout de
l'entendre chanter par l'auteur. Mais il nous faut
bien être avare de l'espace trop restreint que nous
pouvons consacrer à ce compte-rendu.

Force nous est également de passer sous silence la plus admirable composition que M. Antoine Clesse ait peut-être faite dans ce genre: Nous voulons dire, la chanson du *mauvais fils*, encore inédite, et dont il nous a donné l'avant goût à la soirée dont nous fesons le récit. On n'analyse pas, on cite une pareille pièce, pour le faire dignement apprécier ; et c'est ce que nous comptons pouvoir faire prochainement. En attendant, nous avons dû céder à une réserve délicate de l'auteur qui veut que sa patrie ait les prémices de toutes ses publications.

Dans *Jean qui pleure et Jean qui rit*, on vit jusqu'où pouvait s'élever l'expression poètique, chez le chansonnier montois et tout ce qu'il y avait de philosophique et de rêveur dans son talent. En voici quelques strophes :

JEAN QUI PLEURE ET JEAN QUI RIT.

Air de la Republique.

Ah ! mes amis , Jean se prend à sourire
Quand il découvre un beau coin du ciel bleu ,
Un petit coin où son âme peut lire
La poèsie et la grandeur de Dieu.
Mais à l'aspect de ce monde de fange ,
Où le bonheur ne peut que l'effleurer,
Où le démon est près de son bon ange , (*bis.*)
Ah ! mes amis , Jean se prend à pleurer. (*bis.*)

Ah ! mes amis Jean se prend à sourire
Lorsque l'été vient dorer les moissons,
Et vient charger de fruits que l'œil admire,
L'arbre où l'oiseau module ses chansons.

Mais quand il voit le pauvre en sa détresse,
Ainsi qu'un chien que la faim fait errer,
Manquer de pain devant tant de richesse,
Ah! mes amis, Jean se prend à pleurer.

Ah! mes amis, Jean se prend à sourire
Quand loin du monde, en rêvant, il peut voir
Une forêt comme une immense lyre,
Frémir d'amour sous les ailes du soir :
Au bruit léger du feuillage des chênes
Il croit ouïr les anges murmurer!
Mais aux clameurs des passions humaines,
Ah! mes amis, Jean se prend à pleurer.

Un bien gracieux intermède attendait ici l'auteur. M. D. l'un de nos artistes les plus distingués avait traduit avec bonheur en musique, l'une des plus fraîches compositions de M. Antoine Clesse ; et Mlle F. S. de cette voix qui charme trop rarement nos soirées, chanta avec accompagnement de violoncelle, de piano et de hautbois, ces trois délicieux couplets d'*un rayon de soleil :*

Air : Des Scythes et des Amazones,

Hier, du nuage froid et sombre,
Qui sur nous pesa trop longtemps,
Rien encor ue dissipait l'ombre :
Le pauvre en pleurs appelait le beau temps. (bis.)
Mais aujourd'hui sur son pâle visage
La joie enfin éclatait au réveil :
Dieu d'un sourire a percé le nuage,
Voici venir un rayon de soleil!
    Un rayon (bis) de soleil! (bis)

Hier tu maudissais la demeure
Où pour ta femme tu tremblais ,
Jeune ouvrier, mais à cette heure
Ton humble abri se transforme en palais !
Un jour plus doux en ton pauvre ménage
Vient à l'amour donner enfin l'éveil !
Dieu d'un sourire a percé le nuage ,
Voici venir un rayon de soleil !
     Un rayon de soleil !

Maint pauvre , fatigué d'attendre
Qu'un beau jour éclairât son sort ,
Crispant la main qu'il n'osait tendre ,
Les bras croisés se vouait à la mort
Non , tu vivras , frère , reprends courage :
Le ciel est pur et l'horizon vermeil !
Dieu d'un sourire a percé le nuage ,
Voici venir un rayon de soleil !
     Un rayon de soleil !

Vivement ému , Antoine Clesse ne put d'abord
exprimer sa gratitude qu'en serrant la main de
M. D. Quelques minutes plus tard , il adressait à
Mlle F. S. ce joli quatrain :

Si quelque rosignol, fier de sa voix touchante ,
T'écoutait en ces lieux où tu viens l'imiter ,
Un ange, dirait-il , chante l'air que je chante ! ..
Et le timide oiseau n'oserait plus chanter.

Outre cet intermède , nous serions bien ingrats
si nous oubliions de mentionner ici , avec toute
la discrétion d'ailleurs que réclame leur modestie ,

les voix charmantes et les divers instrumentistes
qui sont venus alterner avec les chansons d'Antoine Clesse, et ménager ainsi au héros de la
fête des repos indispensables, dans une soirée qui
commence à sept heures et demie du soir pour
finir à une heure du matin.

J'ai toujours tenu en grande méfiance une
femme et un poète qui n'aiment pas les fleurs.
Ecoutez comme Antoine Clesse sait les chanter :

DIEU FAIT LES FLEURS.

Air : *Muses des bois et des accords champêtres.*

C'est jour de fête et je viens , jeune fille ,
Heureux d'avoir une rose à t'offrir ;
Vîte , prends-là : — tu souris , elle brille !
Entre mes doigts elle allait se flétrir...
— Je rassemblais quelques strophes choisies,
Quand j'ai songé que nos champs étaient verts :
Auprès des fleurs que sont nos poésies ?..
— Dieu fait les fleurs et l'homme fait les vers.

Rien n'est plus beau que les fleurs en ce monde ;
Le ciel a seul de plus riches couleurs !
En y posant son aile vagabonde ,
Le papillon semble jaloux des fleurs !
Elles ont tout : grâce, essence, harmonie ;
Et le poète a même ses travers
Lorsque ses chants ont l'éclat du génie :
Dieu fait les fleurs et l'homme fait les vers.

Femme , humble fleur qui croissez sur la terre ,
Pour embaumer la route sous nos pas ,

Qui nous donnez une épouse, une mère,
Et le bonheur.... s'il existe ici bas.
Au sein de Dieu vous puisez votre flamme :
Celui qui doute aux longs jours de revers,
Revoit le ciel dans l'amour de votre âme...
Dieu fait les fleurs et l'homme fait les vers.

Qu'un astronome, un savant, un poëte,
Fier d'agiter son livre et son compas,
Vienne me dire en relevant la tête :
« Vois et comprends que Dieu n'existe pas ! »
— Moi, je réponds : mon front sait peu de
                     [chose,
Mais pour mon cœur cent livres sont ouverts ;
J'y lis d'où vient le doux parfum des roses ;
Dieu fait les fleurs et l'homme fait les vers.

Chaque fois que son tour revenait, notre
chansonnier révélait une face nouvelle de son
talent si flexible. Dans sa chanson : *Ce que veut
l'ouvrier*, il aborda avec un rare bonheur le
terrain brûlant des questions sociales. Pourquoi
faut-il que nous soyons réduits à n'en citer que
ces quatre beaux vers :

Non, l'ouvrier ne veut pas de l'époque
A son profit absorber les pouvoirs :
Enfant de Dieu, lorsque sa voix l'invoque,
Comme ses droits il comprend ses devoirs.

Mais dût l'espace nous manquer, nous ne ré-
sisterons pas au plaisir de citer presque textuelle-
ment deux chansons, modèles de style enjoué et
de satyre sans fiel :

Mon bon curé, prenez bien garde à vous!

Couplets à l'auteur de l'Armonaque de Mons (1), qui, dans ses publications de 1849 et 1850, daigne parler avec éloge de mes chansons.

(*Air* du Carnaval.)

Dieu ! qu'ai-je lu? l'*Armonaque* me nomme
Avec éloge une seconde fois.
Par ses amis on peut juger d'un homme :
Mon bon curé, vous aurez sur les doigts !
Poète obscur qu'un mot de vous éclaire,
On veut me lire et j'en tremble pour nous !
Votre almanach m'a rendu populaire :
Mon bon curé, prenez bien garde à vous !

J'aurais voulu vous parler, en poète,
Dans ce patois que tout Montois chérit ;
Mais, comme vous pour être *simple et bête*,
Non, je n'aurai jamais assez d'esprit !
Sur des mots durs votre esprit se promène
Comme un ruisseau roulant sur des cailloux :
Je vais troubler son courant qui m'entraîne!
Mon bon curé, prenez bien garde à vous !

J'eus pour Sorbonne une école primaire...

(1) C'est un almanach en patois du pays, tel que celui qui a été publié à Cambrai, sous le titre de : *Arména d'Jérome Pleumecoq* dit *ch'fissiau*

Pauvre Campion, j'aime à penser à toi ! (1)
Plein de savoir, cœur chaud, regard sévère,
Tel que je suis il était fier de moi.
Lorsqu'à des vers j'avais mis mon paraphe,
Plus que l'auteur il s'en montrait jaloux :
Il corrigeait mes fautes d'orthographe !...
Mon bon curé prenez bien garde à vous !

Pour me placer si haut, sans ironie,
Où votre goût va-t-il donc se nicher ?
Hier je planais avec maint grand génie
Juste au niveau du coq de mon clocher...
Robuste oiseau, dans son essor agile,
Votre almanach du vent brave les coups :
Descendez-moi, ma muse est si fragile :
Mon bon curé, prenez bien garde à vous !

Ah ! dans l'espace où l'amitié m'égare,
Si vous saviez quel vertige est le mien !
Fol, éperdu, je crains le sort d'Icare :
Mon bon curé, là-haut tenez-moi bien !
Car si je tombe et ferme les paupières,
Pour mon repos vous devrez, entre nous,
Gratis, hélas ! dire tant de prières !...
Mon bon curé, prenez bien garde à vous !

---

(1) Pierre-Louis Campion, instituteur primaire, décédé à Mons le 26 décembre 1843, à l'âge de 49 ans.

ME VOILA DONC UN PERSONNAGE.

*Couplets en réponse au journal l'Argus qui,
dans ma chanson intitulée :* Frères et li-
bres, chant belge, *me donne le titre de
poète-adulateur.*

(*Air* : Donnez-vous la peine d'attendre.)

J'apprends, dans mon tout petit coin,
Que ma chanson patriotique,
Surprise d'aller aussi loin,
A fait le tour de la Belgique.
L'*Argus*, mon plus chaud partisan,
Dans un élégant badinage,
D'ouvrier me fait courtisan : (Bis.)
Me voilà donc un personnage ! (Bis.)

L'*Argus*, dans ce chant merveilleux,
Trouve des choses sans pareilles ;
C'est que l'*Argus* a de grands yeux :
Je n'ai jamais vu ses oreilles !
J'en voudrais parler en passant,
Je ne le puis, et c'est dommage :
Mon cœur est si reconnaissant,
Bien que je sois un personnage.

Depuis que je suis courtisan,
De par certaines créatures,
De mon tablier d'artisan
On a fait dorer les coutures.
On m'a décoré de deux croix :
Tant d'autres en ont davantage

Que je compte aller jusqu'à trois. .
Me voilà donc un personnage !

Chaque jour , sans être plus beau ,
Quelqu'heureux vilain se décrasse :
Jetons la lime et le marteau ;
Lavons-nous : J'anoblis ma race !
Nouveau marquis de Carabas ,
On me donne pour apanage
La côte de Santo-Thomas :
Me voilà donc un personnage !

L'*Argus*, j'en suis émerveillé !
Au faîte où son amour m'élève ,
Me fait rêver tout éveillé :
Mais qui vient troubler mon beau rêve ?
On me sonne à mon atelier :
Croix , titre , honneurs , tout déménage...
Quel bonheur ! je suis ouvrier !
— Bonsoir, Monsieur le personnage !

J'en passe, il le faut bien, et des meilleures;
puisque je ne puis pas même vous dire un seul
petit couplet de l'adorable chanson: *je ne suis
pas savant.*

Il faudrait maintenant renoncer à vous traduire
les impressions de l'auditoire qui écoutait encore
Antoine Clesse, alors qu'il ne pouvait plus chanter: si l'un d'entre nous, M. A. P... ne s'était fait
l'interprète de tous, dans de chaleureux couplets
qui furent chantés avec beaucoup d'ame par M.
B.... et dont vous répéterez tous avec moi le der-
nier :

Quand elle (1) chante la patrie,
Le cœur grandit à ses refrains ;
Et pour la fleur de la prairie
Elle trouve des chants divins.
      De la misère,
      (O doux mystère !)
En un sourire elle change les pleurs ;
      L'athée infâme,
      Croit à son âme
Quand il l'entend chanter des jours meilleurs.
      Salut, ô noble prolétaire,
Les plus méchants t'applaudiront !
Les plus altiers couronneront
Ta muse populaire !

Nous n'avons qu'un mot à ajouter : honneur à la
patrie du poète Montois ; oui, honneur à elle, si elle
sait l'apprécier, comme on l'apprécie en France.

                                      H. C.

(1) L'auteur parle ici de la lyre du poète.

Imp. de H. CARION, à Cambrai.